Dieser Schutzengel begleitet:

....

....

Ein SCHUTZENGEL für dich

Geschichten und Lieder über
die himmlischen Begleiter

Inhaltsverzeichnis

Mein Schutzengel

Solo   C   C   F   C   G/H C

1. Es geht durch al - le Lan - de ein En - gel still um -

G   C   Am D⁷ G

her, kein Au - ge kann ihn se - hen, doch

C   D⁷   G   G⁷ Chor   C

al - les sie - het er. Der Him - mel ist sein

F   C G⁷ C G⁷ C   G⁷   C

Va - ter - land, vom lie - ben Gott ist er ___ ge - sandt.

2. Er geht von Haus zu Hause
und wo ein gutes Kind,
bei Vater oder Mutter
im Kämmerlein sich find':
Da wohnt er gern und bleibet da,
und ist dem Kindlein immer nah.

3. Er spielet mit dem Kinde
so traulich und so fein;
er hilft ihm fleißig lernen
und stets gehorsam sein.
Das Kind befolgt's mit frohem Mut,
drum bleibt es auch so lieb, so gut.

4. Und geht das Kind zur Ruhe,
der Engel weichet nicht;
er hütet treu sein Bettchen
bis an das Morgenlicht.
Er weckt es auf mit stillem Kuss
zur Arbeit und zum Frohgenuss.

5. O, holder Engel, führe
auch mich den Kindern zu,
die du so gern begleitest,
zu Arbeit, Spiel und Ruh'!
Bei solchen Kindern lieb und fein,
da mag auch ich so gerne sein.

5

Lena geht zur Schule

Seit vier Wochen geht Lena jetzt schon zur Schule. Sie ist nicht weit von zu Hause entfernt, aber auf dem Weg dorthin muss Lena über eine große Straße, auf der viele Autos fahren. Jeden Morgen um kurz vor halb acht bringt Mama Lena zur Schule und mittags holt sie sie wieder ab. Immer wenn sie die Straße überqueren, sagt Mama: „Pass auf, wenn du über die Straße läufst. Du musst über den Zebrastreifen gehen und vorher nach links, dann nach rechts und wieder nach links schauen. Erst wenn kein Auto kommt oder alle Autos anhalten, darfst du loslaufen!" Mama übt jeden Tag mit Lena, wie man sicher die Straße überquert.

Als Lena heute Morgen aufwacht, ist Mama krank. Sie hat nicht nur Husten und Schnupfen, sie hat auch noch Fieber. Deshalb muss sie heute im Bett bleiben und kann Lena nicht begleiten. „Kein Problem!", ruft Lena sofort. „Dann geh ich eben alleine!" Mama überlegt, ob sie es Lena schon zutrauen kann, alleine über die große Straße zu gehen. Sie weiß, dass Lena ein vernünftiges Mädchen ist und die Regeln genau kennt. Deshalb sagt sie zu Lena: „Gut, aber du musst über den Zebrastreifen gehen und darfst erst loslaufen, wenn alle Autos anhalten." Lena verspricht es, schnappt ihren Ranzen und geht fröhlich aus dem Haus. Endlich kann sie Mama beweisen, dass sie alt genug ist. Ihre Freundin Mira geht schon seit einer Woche alleine zur Schule und Lena möchte das auch.

Unterwegs trifft Lena ihren Klassenkameraden Leon und sie gehen gemeinsam weiter. An der großen Straße bleiben sie stehen. Leon schaut nach links und nach rechts und ruft: „Los, es ist frei!" Lena will schon loslaufen, da kommt ihr plötzlich Mamas Stimme in den Kopf: „… aber du musst über den Zebrastreifen gehen …" Schnell zieht sie Leon an seiner Jacke zurück – und im gleichen Moment saust ein Motorrad vorbei!

Dein Schutzengel ist immer bei dir. Du musst darauf hören, was er dir sagt.

Das ist gerade nochmal gut gegangen! Zum Glück hat Lena auf das gehört, was Mama ihr gesagt hat! Die beiden Kinder gehen nun zum Zebrastreifen und bleiben dort stehen. Als ein Auto anhält, schauen sie noch einmal nach allen Seiten, um sicherzugehen, dass auch wirklich alles frei ist, und gehen dann hinüber.

Als Lena am Nachmittag nach Hause kommt, erzählt sie Mama, was passiert ist. „Jetzt weißt du, warum du dich an die Regeln halten musst. Zum Glück hattet ihr einen Schutzengel!", sagt sie zu Lena. „Ja, und er hatte die gleiche Stimme wie du", stellt Lena fest – und beide müssen lachen.

7

Schlaf in guter Ruh'

Chor A — A — D

1. Schlaf in gu - ter Ruh'! Tu die Äug - lein

A — Solo E[7] — A

zu! Hö - re wie der Re - gen fällt,

E[7] — A — Fis m

hör wie Nach - bars Hünd-chen bellt! Hünd-chen hat den

Cis[7] — Fis m — E[7]

Mann ge-bis - sen, hat des Bett-lers Kleid zer-ris - sen,

A — D

Bett - ler läuft auf Pfor - te zu.

Chor A/E — E[7] — A

Schlaf in gu - ter Ruh'!

2. Still, mein süßes Kind!
Draußen weht der Wind.
Häschen, Häschen spitzt das Ohr,
guckt aus langem Gras hervor;
Jäger kommt im grünen Kleide,
jagt das Häschen von der Weide,
Häschen läuft geschwind, geschwind.
Still, mein süßes Kind!

3. Schlaf, die Wänglein rot,
hast noch keine Not!
Täubchen fliegt auf Feld und Flur,
fliegt und sucht ein Körnchen nur.
Ach, die Kleinen, still und bange,
sprechen: „Mutter bleibt so lange,
Mutter bleibt bis Abendrot."
Schlaf, hast keine Not!

4. Kannst nun ruhig sein!
Bettler kehrt schon ein.
Hündchen schläft auf Stacheldorn,
Häschen liegt nun schon im Korn,
Täubchen füttert seine Jungen,
Vöglein hat nun ausgesungen;
müd' ist alles, groß und klein.
Schlaf nur ruhig ein!

Theo reißt aus

Im Stadtpark gibt es einen See, auf dem man Boot fahren kann. Ab und zu gehen Theos Eltern mit ihm dorthin. Dann mieten sie eines der bunten Boote und rudern über den See. Auf dem See leben auch Entenfamilien und wenn man Glück hat, sieht man sogar kleine Entenküken vorbeischwimmen. Deshalb nimmt Theo immer etwas trockenes Brot mit, mit dem er die Enten füttern kann.

An diesem Sonntag ist es endlich wieder soweit: Theo, Mama und Papa gehen in den Stadtpark. Theo freut sich schon riesig darauf, Boot zu fahren. Doch sie sind noch nicht am See angelangt, da treffen sie ihre Nachbarn, die Familie Reitmeier. Die Nachbarn interessieren sich sehr für Blumen und bewundern die schön angelegten Blumenbeete. Mama und Papa unterhalten sich mit ihnen, aber Theo langweilt sich. Er will endlich Boot fahren!

„Ich kann ja schon mal vorgehen", denkt sich Theo und läuft los. Er kennt den Weg, schließlich war er schon oft hier. Aber dann biegt er doch falsch ab und landet statt am Bootshaus an der Mauer auf der anderen Seite des Sees. Die Mauer ist nicht sehr hoch und Theo klettert hinauf. Hinter der Mauer geht es tief hinunter in das Wasser, aber Theo kümmert das nicht. Er balanciert auf der Mauer – das macht Spaß!

Inzwischen haben Mama und Papa bemerkt, dass Theo weg ist. Aufgeregt laufen sie durch den Park und suchen ihn. „Er ist vielleicht am See", meint Papa und sofort gehen sie zum Bootshaus. Aber da ist Theo nicht. Plötzlich schreit Mama: „Da! Dort hinten auf der Mauer!" Und schon rennen sie los. Nicht auszudenken, was passiert, wenn Theo in den tiefen See fällt – er kann doch noch nicht schwimmen!

Als Theo Mama und Papa kommen sieht, springt er von der Mauer und läuft ihnen entgegen. Erleichtert schließt Mama ihn in die Arme. Theo kann die Aufregung gar nicht verstehen, bis Papa ihm sehr ernst erklärt, in welcher Gefahr er gewesen ist. „Da hab ich wohl einen Schutzengel gehabt?", fragt Theo etwas bedrückt. „Ja", antwortet Papa, „aber denk dran, auch Schutzengel sind nicht immer da. Du darfst dich nicht auf sie verlassen, sondern musst selbst auf dich aufpassen."

Dann darf Theo endlich ein Boot aussuchen. Während sie über den See rudern, schaut Theo nachdenklich auf das Wasser. Darin spiegeln sich der Himmel und die Wolken – und eine davon sieht ein bisschen aus wie Engelsflügel.

Es wird schon gleich dunkel

1. Es wird schon gleich dun - kel, es
   drum komm' ich zu dir nun, es mein

wird ja schon Nacht, Will
Kind, und schon halt' Wacht.

sin - gen ein Lied - lein dem Kin - de - lein

klein. Du magst ja nicht schla - fen, ich

hör' dich nur schrein. Hei, hei, hei,

hei. Schlaf ein, lie - bes Kind.

2. Vergiss jetzt, o Kindlein,
dein Kummer, dein Leid,
da du nun musst bleiben hier oben auf der Heid'.
Es zieren die Engel dein Bettelein aus,
möcht' schöner nicht sein in der Könige Haus.
Hei, hei, hei, hei. Schlaf ein, liebes Kind.

Das Wettrennen

Mia, Felicitas und Samuel gehen in die gleiche Klasse. Am Nachmittag treffen sie sich oft zum Spielen. Dann tollen sie durch den Garten, spielen Fußball oder hüpfen auf dem großen Trampolin.

Heute haben sie sich zu einem Wettrennen verabredet. Felicitas hat zum Geburtstag ein neues Fahrrad bekommen und möchte ausprobieren, wie schnell es fahren kann. Als Samuel zum Treffpunkt kommt, sind die beiden Mädchen schon da. „Was hast du denn für einen komischen Deckel auf dem Kopf?", fragt Mia und

kichert. „Siehst du doch, das ist ein Fahrradhelm", brummt Samuel.

Die drei Freunde stellen sich mit ihren Rädern nebeneinander auf. „Seht ihr den großen Stein dahinten?", fragt Felicitas. „Der ist das Ziel." Samuel ruft: „Auf die Plätze, fertig, los!" Und schon treten sie kräftig in die Pedale. Samuel ist vorne, Felicitas in der Mitte und Mia ganz hinten. Felicitas will unbedingt gewinnen, damit alle sehen, wie toll ihr neues Rad ist. Sie fährt so schnell sie kann und zieht an Samuel vorbei. Nun liegt sie ganz vorne im Rennen.

Als sie sich kurz umdreht, um zu sehen, wie weit sie vor den anderen liegt, passiert es: Sie sieht den großen Stein nicht und rast direkt darauf zu. Krach! Der Vorderreifen knallt an den Stein und Felicitas fällt vom Rad. Sie hat Glück im Unglück, denn außer einem blutenden Knie hat sie keine Verletzungen. Das neue Rad hat ein paar Schrammen bekommen und Felicitas jammert: „Mein schönes neues Rad!" Samuel und Mia helfen ihr dabei, aufzustehen und alle drei schieben ihre Räder nach Hause. Sie haben vorerst genug von Wettrennen.

Zu Hause erzählt Felicitas unter Tränen, was passiert ist. Papa tröstet sie: „Sei froh, dass du dir nichts gebrochen hast und dein Kopf heile ist. Dieses Mal hast du wohl einen Schutzengel gehabt, aber in Zukunft trägst du besser deinen Helm!" Felicitas verspricht es – und nimmt sich vor, nie mehr über Samuels Helm zu lachen.

Auch wenn dein Schutzengel über dich wacht – niemals ohne Helm Fahrrad fahren!

Es geh'n viel Engel durch die Welt

1. Es geh'n viel En-gel durch die Welt und se-hen nach den Kin-der-lein, und neh-men sie in ih-ren Schutz und wol-len ih-re Freun-de sein.

2. O sende, lieber guter Gott,
ein Englein zum Geleit auch mir,
das mich behüte in Gefahr
und leite freundlich mich zu dir.

17

Der Kellergeist

Es ist Winter und draußen wird es schon dunkel. Luis hat seinen Freund Henri zum Spielen eingeladen. Die beiden Freunde sitzen in Luis Zimmer auf dem Boden und bauen die große Ritterburg auf. Luis liebt alles, was mit Rittern zu tun hat und wäre am liebsten selbst ein tapferer Ritter.

Da kommt Mama herein und bringt ihnen heißen Kakao und Kekse. „Ich muss noch mal schnell einkaufen gehen", sagt sie. „In einer halben Stunde bin ich zurück." Seit Luis 7 Jahre alt ist, darf er ab und zu für kurze Zeit alleine zu Hause bleiben – darauf ist er sehr stolz. „Bleibt im Zimmer und macht nicht auf, wenn es klingelt", ermahnt Mama und geht hinaus.

Luis und Henri bauen eifrig an der Burg weiter, bis sie plötzlich feststellen, dass die Hängebrücke fehlt. Sie durchwühlen sämtliche Kisten, aber die Brücke ist nirgends zu finden. Luis überlegt: „Im Keller steht noch eine Kiste mit einer alten Ritterburg. Vielleicht ist da eine Hängebrücke dabei." Aber dann fällt ihm ein, dass Mama nicht da ist, und er alleine nicht in den Keller geht – wegen dem Kellergeist. In dem dunklen Keller gibt es seltsame Geräusche und Luis ist sicher, dass dort ein Geist wohnt.

„Sieh doch mal nach, ob du die Hängebrücke findest", schlägt Henri vor. „Ach, ich glaube nicht, dass wir dort was finden", meint Luis. Aber Henri lässt nicht locker. „Nun geh schon! Oder hast du etwa Angst?", fragt er und lacht. Jetzt hat Luis keine Wahl mehr: Geht er nicht in den Keller, dann erzählt es Henri morgen in der Schule. Das wäre fast noch schlimmer.

Also geht Luis entschlossen zur Kellertür. Ihm wird richtig übel bei dem Gedanken, alleine die Treppe in den dunklen Keller hinunterzugehen. Aber dann nimmt er seinen ganzen Mut zusammen und öffnet die Tür. Er drückt auf den Lichtschalter, doch nichts passiert. Das Licht ist immer noch kaputt!

Luis geht ein paar Schritte, dann bleibt er stehen. Im Keller ist es dunkel und sein Magen krampft sich zusammen. Da fällt ihm ein, was Oma ihm immer sagt: „Wenn du etwas nicht alleine schaffst, dann hilft dir dein Schutzengel. Du musst nur fest daran glauben." Luis denkt jetzt ganz fest daran. Langsam geht er weiter, er zittert vor Angst, aber dennoch schafft er es, die Kiste zu finden.

Als er sich bückt, um die Hängebrücke herauszuholen, ist über ihm plötzlich das seltsame Geräusch. „Der Kellergeist!", durchzuckt es Luis. Er hebt den Kopf – und sieht ein altes Mobile mit Metallvögeln. Das Kellerfenster ist offen und der Wind bewegt die Vögel. „Daher kommt also das Geräusch!", stellt Luis erleichtert fest. Er nimmt die Hängebrücke und läuft nach oben.

„Hier ist die Hängebrücke", sagt er zu Henri – als wäre es das Normalste auf der Welt, dass er sie im Keller geholt hat. Dabei ist Luis sehr stolz auf sich! Mit Hilfe seines Schutzengels hat er es geschafft, alleine in den Keller zu gehen!

Dein Schutzengel gibt dir Mut. Er hilft dir dabei, schwierige Situationen zu meistern.

19

Schlaf, du kleine Seele

1. Schlaf, du klei - ne See - le,

schlaf in gu - ter Ruh'!

Schlumm - re oh - ne Feh - le,

tu die Äug - lein zu!

Schlumm - re sanft und sü - ße, (wie)

ru - he Händ' und Fü - ße.

2. Willst du Schelm wohl schlafen!
Du sollst mit zum Hain,
wo bei bunten Schafen
Lämmerchen sich freun.
Schlummre sanft und süße
wie Vöglein im Gebüsche.

3. Schlaf, du kleine Seele,
schlaf in guter Ruh!
Schlummre ohne Fehle,
tu die Äuglein zu.
Wenn die Englein droben
Gott den Vater loben.

Ein Donnerwetter

Dein Schutzengel erinnert dich daran, was du gelernt hast. Dann kannst du dich und andere selbst beschützen.

Es ist Sonntag und draußen scheint die Sonne. Emma und ihre kleine Schwester Leni wollen auf den Spielplatz, aber Mama sagt: „Bleibt lieber hier, es soll ein Gewitter geben." Emma schaut aus dem Fenster und meint: „Aber die Sonne scheint. Man sieht nicht eine einzige Wolke am Himmel." Mama macht ein ernstes Gesicht und antwortet: „Das kann sich ganz schnell ändern. Ihr könnt doch auch im Garten spielen."

Emma und Leni holen ihre Murmeln und gehen hinaus. Murmelspielen ist toll, vor allem weil die Kugeln so schön bunt sind. Manche glitzern sogar, die mag Leni besonders gerne. Umso mehr ärgert sie sich, wenn sie welche an Emma verliert – und das passiert ganz schön oft. Gerade hat Emma wieder eine Kugel gewonnen, als ihre Freundin Anna vorbeikommt. Sie ruft: „Ich gehe zum Spielplatz, kommt ihr mit?"

Ohne daran zu denken, was Mama gesagt hat, antwortet Emma: „Klar!" Sie nimmt Leni an die Hand und alle drei laufen los zum Spielplatz. Unterwegs fällt ihr auf, dass der Himmel dunkler wird und sie denkt an Mamas Ermahnung. Aber der Spielplatz ist ja gar nicht weit weg von zu Hause und falls wirklich ein Gewitter kommt, können sie schnell zurücklaufen, überlegt Emma.

Anna, Leni und Emma schaukeln, klettern und wippen. Das macht Spaß! Leni schaukelt so hoch, dass sie vor Vergnügen schreit. Krach! Plötzlich hören sie einen lauten Knall! Emma schaut zum Himmel: Oje, der Himmel ist jetzt ganz schwarz und es fängt auch an zu regnen. „Schnell, wir müssen nach Hause!", ruft sie den anderen zu.

Aber Leni und Anna reagieren nicht, sie schaukeln immer weiter und immer höher. Emma läuft zu den beiden hin, da sieht sie, wie nicht weit von ihnen ein Blitz herabschießt. Das Gewitter ist direkt über ihnen!

„Schnell!", schreit Emma. „Kommt runter von der Schaukel! Das Metall zieht den Blitz an!" In der Schule hat der Lehrer erst letzte Woche erzählt, wie man sich bei Gewitter richtig verhält. Emma fällt jetzt alles wieder ein: dass man sich nicht unter einen einzelnen Baum stellen darf, dass Metall den Blitz anzieht und dass man möglichst nah am Boden hocken soll. Sie ist über sich selbst erstaunt, dass sie das noch alles weiß – als hätte es ihr jemand zugeflüstert!

Rundum donnert und blitzt es und Leni fängt vor Angst an zu weinen. Da entdeckt Emma eine fest gemauerte Bushaltestelle. Das müsste gehen, denkt sie, nimmt Anna und Leni an der Hand und rennt los. Als sie sich unterstellen, geht direkt über dem Spielplatz ein Blitz nieder! Gerade nochmal Glück gehabt!

Als das Gewitter weiterzieht, rennen die drei nach Hause. Mama steht an der Tür und hält besorgt nach den Kindern Ausschau. Erleichtert schließt sie Emma und Leni in die Arme. Sie sagt: „Da habt ihr aber einen Schutzengel gehabt!" Und dann gibt es noch ein Donnerwetter, aber das kommt nicht vom Himmel – sondern von Mama!

Gut' Nacht, mein allerliebster Schatz

Chor

D

1. Gut'_____ Nacht, gut'_____ Nacht, mein

D   **A⁷**

al - ler - lieb - ster Schatz, gu - te

A⁷   **D**

Nacht, schlaf wohl, mein Kind.

D

Gut'_____ Nacht, gut'_____ Nacht, mein

D   **A⁷**

al - ler - lieb - ster Schatz, gu - te

D

Nacht, schlaf wohl, mein Kind.

Solo   **D**   **D⁷**   **G**

Dass____ dich die En - gel hü - ten

all', die ___ in dem lie - ben

Him - mel sind. Gut' ___ Nacht, gut' ___

Nacht, mein al - ler - lieb - ster Schatz, gu - te

Nacht, schlaf wohl, mein Kind. ___

2. Schlaf wohl, schlaf wohl, und träume lieb von mir,
träum von mir wohl heute Nacht!
Und wenn ich die Nacht auch schlafen tu,
mein Herz doch immer um dich wacht,
da es in lauter Liebesglut derzeit an dich gedacht.

3. Es singt im Busch die Nachtigall im klaren Mondenschein.
Der Mond scheint in das Fenster dir,
guckt in dein stilles Kämmerlein.
Er schaut dich hold im Schlummer da,
doch ich muss weiterzieh'n.

Busfahrt mit Hindernissen

Heute ist der letzte Schultag vor den Weihnachtsferien. In der Nacht hat es geschneit. Aufgeregt läuft Max zum Fenster. „Juhuu!", ruft er. „Wir können einen Schneemann bauen!" Papa lacht und sagt: „Langsam, junger Mann! Zuerst musst du in die Schule. Der Schulbus fährt in 10 Minuten." Max verzieht das Gesicht, schnappt seine Schultasche und läuft los.

An der Bushaltestelle warten schon viele andere Kinder und bewerfen sich mit Schneebällen. Max wirft seinen Ranzen in den Schnee und macht mit! Aber da kommt auch schon der Bus und die Kinder müssen einsteigen. „Nach der Schule treffen wir uns und bauen einen Schneemann!", schlägt Malin vor und alle stimmen zu.

Der Busfahrer, Herr Lehmann, schmunzelt. Die Kinder freuen sich über den Schnee, aber ihm ist er nicht willkommen. Er muss sehr vorsichtig fahren, damit er die Kinder sicher zur Schule bringt. Zum Glück hat er schon die Winterreifen montiert. Außerdem ist Herr Lehmann ein erfahrener Busfahrer und kennt die Strecke gut.

Der Bus fährt gerade durch eine Kurve, als plötzlich ein Wildschwein auftaucht. Es rennt direkt auf die Straße! Herr Lehmann macht eine Vollbremsung und auf der glatten Straße kommt der Bus ins Schleudern! Herr Lehmann versucht den Bus wieder unter Kontrolle zu bekommen, aber das ist gar nicht so einfach. Doch wie durch ein Wunder rutscht der Bus wieder auf die Fahrbahn. Mit viel Geschick gelingt es Herrn Lehmann, den Bus zum Stehen zu bringen. Auf der Gegenspur kommt jetzt ein Auto – fast hätte es einen Zusammenstoß gegeben. Das ist gerade nochmal gutgegangen!

Den Kindern ist gar nicht klar, in welcher Gefahr sie sich befunden haben. Sie haben nur Augen für das Wildschwein. Ihm ist zum Glück nichts passiert. „Kinder, Kinder", sagt Herr Lehmann mit etwas zittriger Stimme, „da haben wir wohl gleich mehrere Schutzengel gehabt!" Da sagt Max: „Ja, aber das Wildschwein hatte auch einen Schutzengel!" Malin überlegt kurz und fragt: „Heißt das dann Schutzschwein oder Schweineengel?" Die Kinder prusten los – und auch Herr Lehmann muss jetzt lachen!

Schlaf, Herzenssöhnchen

B · · F⁷ · B · · F⁷ · B

1. Schlaf, Her-zens - söhn - chen, mein Lieb-ling bist du!

F · · B F · · C⁷ · F

Schlie - ße die blau-en Guck - äu - ge-lein zu.

F⁷ · · B · · B/D · Es

Al - les ist ru - hig, ist still wie im Grab,

F⁷ · · B · · F⁷ · B

schlaf nur, ich weh - re die Flie - gen dir ab.

2. Jetzt noch, mein Püppchen, ist goldene Zeit,
später, ach später ist's nimmer wie heut';
stellen einst Sorgen ums Lager sich her,
Herzchen, da schläft sich's so ruhig nicht mehr.

3. Engel vom Himmel, so lieblich wie du,
schweben ums Bettchen und lächeln dir zu;
später zwar steigen sie auch noch herab,
aber sie trocknen nur Tränen dir ab.

4 Schlaf, Herzenssöhnchen und kommt gleich die Nacht,
sitzt deine Mutter am Bettchen und wacht;
sei es so spät auch und sei es so früh,
Mutterlieb, Herzchen, entschlummert doch nie.

Gefahr im Wald

Draußen bläst ein starker Wind. Hannes und sein Freund Levin stehen am Fenster und schauen hinaus. Sie haben sich verabredet, um gemeinsam im Wald Stöcke zu sammeln. Die beiden bauen an einem Tipi, das im Garten hinter dem Haus steht. Es ist fast fertig, aber es fehlen noch ein paar lange Stöcke. Und morgen hat Hannes Geburtstag, dann wollen sie im Tipi ein Indianerfest feiern.

„Bei dem Sturm ist es draußen zu gefährlich", sagt Mama. Hannes lacht: „Das bisschen Wind macht uns doch nichts aus!" Aber Mama erklärt den beiden Jungen, dass durch den Sturm manchmal auch Äste herunterfallen können. Dann geht sie in die Küche, um einen Kuchen für Hannes zu backen.

„Wenn das Tipi morgen nicht fertig ist, kann ich meinen Geburtstag vergessen!", mault Hannes. „Lass uns mal nachsehen", schlägt Levin vor, „vielleicht hat der Sturm ja aufgehört." Sie gehen ein paar Schritte vor die Tür – und tatsächlich: Der Wind hat etwas nachgelassen. Schnell ziehen sie ihre Schuhe und Jacken an und rennen los in den Wald. Dort liegen viele kleine Äste auf dem Boden, die der Sturm heruntergeblasen hat. Hannes sammelt eifrig Stöcke ein. „Toll", ruft er Levin zu, „das wird ein Super-Tipi!"

Begeistert tragen sie zusammen, was sie finden können, und geraten dabei immer weiter in den Wald hinein. „So", meint Hannes, „das reicht. Lass uns nach Hause gehen." Der Wind ist wieder stärker geworden und bläst heftig durch die Baumwipfel. Plötzlich fegt eine Windböe durch den Wald! Krach! Nur wenige Meter vor Hannes und Levin fällt ein Baum quer über den Weg! Die beiden bleiben wie angewurzelt stehen und vor Schreck fallen ihnen die Stöcke aus der Hand! Nicht auszudenken, wenn der Baum auf sie gefallen wäre!

Hannes und Levin wollen so schnell wie möglich nach Hause. Deshalb nehmen sie ihren ganzen Mut zusammen, klettern über den Baumstamm und rennen dann so schnell sie können aus dem Wald. Um sie herum tobt weiter der Sturm, aber sie kommen sicher zu Hause an. Als Mama hört, was passiert ist, schimpft sie nicht, sondern sagt nur: „Seid froh, dass ihr einen Schutzengel hattet! Und geht nie wieder bei Sturm in den Wald!" Hannes ist erleichtert, aber auch ein bisschen traurig, weil er das Tipi nicht fertig bauen kann.

Doch am nächsten Morgen gibt es für Hannes eine ganz besondere Überraschung: Papa hat die fehlenden Stöcke für das Tipi im Baumarkt besorgt. Jetzt ist das Geburtstagsfest gerettet!

31

Kindelein zart

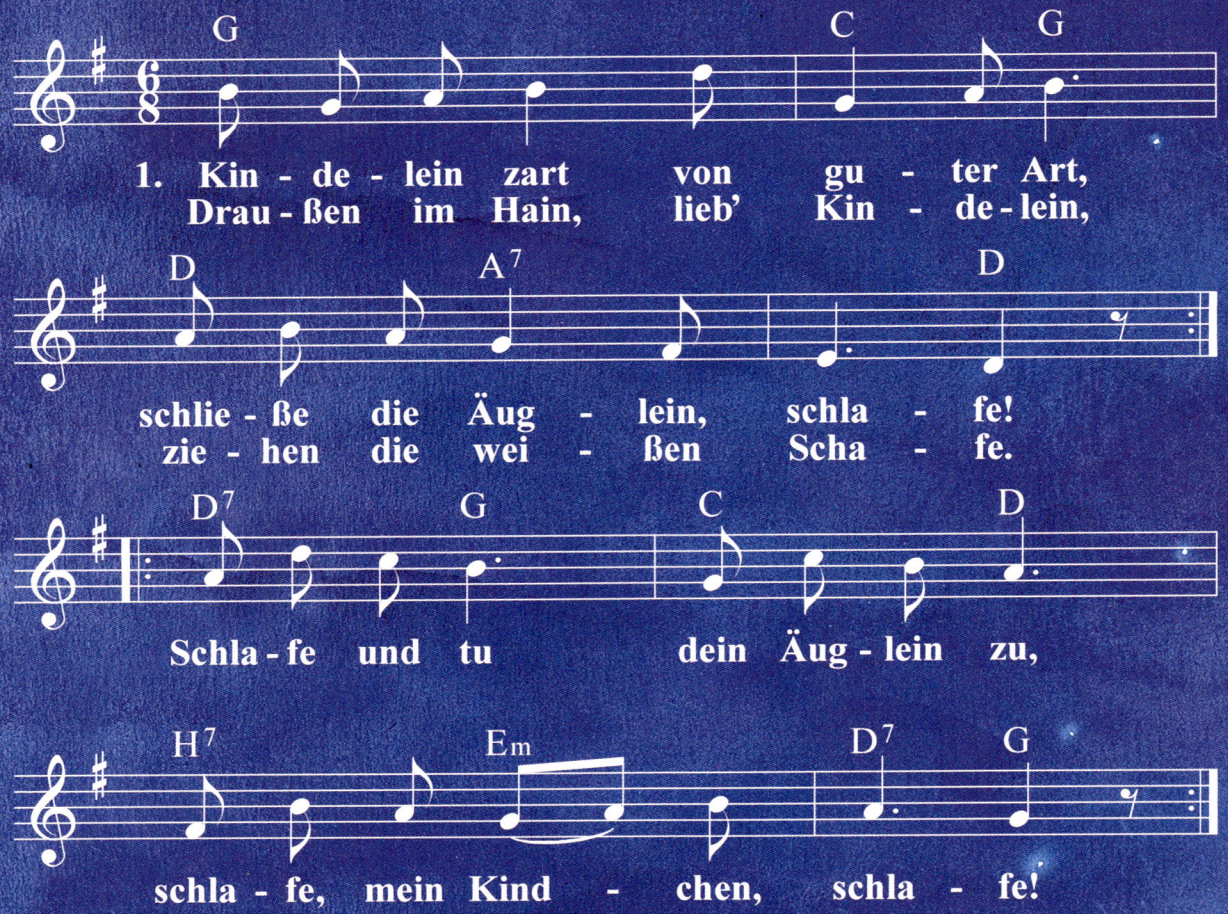

1. Kin - de - lein zart von gu - ter Art,
Drau - ßen im Hain, lieb' Kin - de - lein,

schlie - ße die Äug - lein, schla - fe!
zie - hen die wei - ßen Scha - fe.

Schla - fe und tu dein Äug - lein zu,

schla - fe, mein Kind - chen, schla - fe!

2. Engelein fein in bunten Reih'n
schweben vom Himmel nieder,
mit hellem Sand und Harfenklang
singen sie fromme Lieder.
Schlafe und ruh, Herzblättchen du,
schließ deine Äuglein wieder!
Schlafe und ruh, Herzblättchen du,
schließ deine Äuglein wieder!

Die Rettung

Es ist ein sonniger Januartag und klirrend kalt. Lotte und ihre Freundin Klara sind auf dem Nachhauseweg. Die letzte Schulstunde ist heute ausgefallen, da ihre Lehrerin, Frau Rübenstein, plötzlich krank geworden ist und zum Arzt muss. „Wollen wir mal zum Weiher gehen und nachschauen, ob er schon zugefroren ist?", fragt Lotte ihre Freundin. „Klar!", antwortet Klara. „Wir haben ja noch eine Stunde Zeit bis zum Mittagessen."

Der Wiesenweiher liegt etwas abseits des Weges. Im Sommer sind hier viele Spaziergänger unterwegs. Oft haben auch Angler ihre Sitze aufgeschlagen und warten, bis eine schöne große Forelle anbeißt. Lotte war schon oft mit ihren Eltern am Weiher. Einmal haben sie hier sogar Picknick gemacht!

Heute ist niemand am Weiher. Er liegt still in der Sonne und seine Oberfläche glitzert. „Eis!", ruft Lotte begeistert. „Er ist tatsächlich zugefroren!" Dann sieht sie Klara an und fragt: „Was meinst du? Ob das Eis schon dick genug ist, um uns zu tragen?" Die Mädchen wissen natürlich, dass es gefährlich ist, auf das Eis zu gehen, wenn es nur dünn ist. Um zu testen, wie dick es ist, wirft Lotte einen Stein auf das Eis. Der Stein bleibt auf der Oberfläche liegen.

„Dann trägt es uns vielleicht auch", meint Klara und will einen Schritt aufs Eis gehen. Aber Lotte hält sie fest.

„Warte", sagt sie, „vielleicht sollten wir es lassen, es ist doch gefährlich." Unwillig schüttelt Klara den Kopf und sagt: „Quatsch! Sieh mal, es geht doch!" Und schon schlittert sie übers Eis. „Juhuu! Das macht Spaß!"

Manchmal schickt dein Schutzengel dir jemanden, der dir hilft.

Lotte überlegt, ob sie es auch wagen soll, da knackt es plötzlich im Eis. „Klara!", ruft Lotte – aber da ist es schon passiert: Das Eis ist gekracht und Klara fällt ins Wasser! „Hilfe!", schreit Klara. Sie versucht, sich am Rand der Eisfläche festzuhalten, aber das Eis bröckelt immer wieder ab.

Lotte weiß nicht, was sie tun soll: Wenn sie aufs Eis geht, um Klara zu helfen, wird sie selbst einbrechen. Wenn sie weggeht, um Hilfe zu holen, kann es zu spät sein für Klara. Lotte schießen die Tränen in die Augen. Da sieht sie ganz verschwommen eine Gestalt, die sich nähert. Lotte reißt die Arme hoch und winkt. „Hilfe!", schreit sie. Die Gestalt kommt schnell näher – es ist ihre Lehrerin, Frau Rübenstein.

Sie erkennt sofort, in welcher Gefahr sich Klara befindet. Am Ufer liegt ein langer, dicker Stock, den nimmt Frau Rübenstein und schiebt ihn zu Klara aufs Eis. Und tatsächlich gelingt es Klara, sich daran festzuhalten. Die Lehrerin hält den Stock mit beiden Händen ganz fest und zieht Klara langsam ans Ufer.

Plitschnass und zitternd vor Kälte steht Klara jetzt am Ufer. „Danke", sagt Klara leise zu Frau Rübenstein, „Sie haben mich gerettet. Sie sind ein echter Schutzengel." Die Lehrerin lacht und sagt: „Nein, das bin ich nicht. Aber dein Schutzengel hat mich wohl geschickt. Eigentlich wollte ich zum Arzt, aber er hat jetzt Mittagspause und da dachte ich, ich vertreibe mir die Zeit mit einem kleinen Spaziergang."

Dann zieht Frau Rübenstein ihre Jacke aus und legt sie Klara um die Schultern. „Komm, du musst dich schnell umziehen, sonst wirst du krank." Sie begleitet die beiden Mädchen nach Hause. Lotte ist unendlich froh, dass Klara gerettet worden ist. Für sie ist die Lehrerin ein echter Engel – und ab sofort auch ihre Lieblingslehrerin!

Suse, liebe Suse

1. Su - se, lie - be Su - se, was ra - schelt im Stroh? Die
Gän - se ge - hen bar - fuß und ha - ben kein' Schuh. Der
Schus - ter hat's Le - der, kein' Leis - ten da - zu; drum
kann er den Gäns - lein auch ma - chen kein' Schuh.

2. Suse, liebe Suse, das ist eine Not!
Wer schenkt mir einen Heller zu Zucker und Brot?
Verkauf ich mein Bettlein und leg mich aufs Stroh,
dann sticht mich keine Feder und beißt mich kein Floh.

Gefährliche Bienen

Endlich ist es soweit: Heute findet das große Sommerfest in Paulinas Schule statt! Darauf freuen sich die Kinder schon seit Tagen. Sie haben mit den Lehrern und Lehrerinnen fleißig gebastelt und alles schön geschmückt. Die Eltern haben Kuchen gebacken und Salate zubereitet. Paulina freut sich ganz besonders auf die leckeren Grillwürstchen und das Stockbrot.

Das Fest beginnt um drei Uhr mit einer kleinen Aufführung, die die Kinder eingeübt haben. Sie tragen Bienen-Kostüme und singen das Lied von der Biene Maja. Paulina und ihre Freundin Lea haben sich vorher ein bisschen gestritten, weil sie beide die Biene Maja spielen wollten. Deshalb hat die Lehrerin entschieden, dass Lukas diese Rolle bekommt. Die Mädchen finden das unfair.

Trotzdem haben jetzt alle viel Spaß bei der Vorführung. Die Eltern sind begeistert und klatschen Zugabe. Anschließend werden noch ein paar Spiele gespielt und dann gibt's endlich was zu essen! Paulinas Papa ist zum Grillen eingeteilt. Er hat sich eine Schürze umgebunden und dreht die Würstchen so lange auf dem Rost hin und her, bis sie von allen Seiten richtig knusprig sind.

„Ich will ein Würstchen!", ruft Paulina und stürmt an der Schlange vorbei, die sich vor dem Grill gebildet hat. „Nichts da", antwortet Papa, „du stellst dich an wie die anderen." Paulina zieht eine Grimasse. Lukas steht ganz vorne in der Reihe und grinst Paulina schadenfroh an. Ausgerechnet er bekommt jetzt die erste Wurst! Paulina ist sauer.

Als sie endlich ihr Würstchen auf dem Teller hat, zieht sie Lea am Arm: „Komm, wir setzen uns ans Ende der Bank." Sie will nicht bei den anderen sitzen, damit sie in Ruhe mit ihrer Freundin reden kann. Paulina und Lea nehmen sich ein Brötchen, drücken einen dicken Klecks Ketchup auf ihren Teller und gehen zur Bank. „Hmm, lecker!", meint Paulina und will in die Wurst beißen. Aber sie hat nicht bemerkt, dass sich eine Biene daraufgesetzt hat.

Klatsch! Paulina spürt, wie ihr jemand auf die Hand schlägt, sodass die Wurst auf den Boden fällt. „Lukas!", schreit sie. „Was soll das?" Lea hat gesehen, dass die Biene auf der Wurst saß, und beruhigt Paulina: „Sei froh, dass Lukas dir die Wurst aus der Hand geschlagen hat. Die Biene hätte dich sicher in den Hals gestochen!" Lukas fügt hinzu: „Ich bin euch nachgelaufen, weil ich euch ärgern wollte. Da habe ich diese Riesenbiene auf deiner Wurst gesehen …" Paulina sieht Lukas an und lacht: „Das hätte ich nie gedacht, dass ausgerechnet du mal mein Schutzengel sein wirst." Lukas grinst und sagt: „Ist doch klar, dass ich dich retten muss. Sonst kann ich dich ja nicht mehr ärgern!"

39

Vierzehn Englein bei dir steh'n

Heu - te will ich schla - fen geh'n, vier - zehn Eng - lein mit mir geh'n: zwei zur Rech - ten, zwei zur Lin - ken, zwei zu Häup - ten, zwei zu Fü - ßen, zwei - e, die mich de - cken, zwei - e, die mich we - cken, zwei, die mir zei - gen den rech - ten Steig in das e - wi - ge Him - mel - reich.

41

Das Weihnachtsgeschenk

In einer Woche ist Heiligabend. In der großen Pause reden Bastian, Leon und Felix über ihre Wunschzettel. „Ich wünsche mir einen großen Baukasten", sagt Leon. Felix wünscht sich einen Roboter-Bausatz und Bastian einen neuen Basketball. Dann überlegen sie, was sie ihren Eltern schenken könnten. „Am besten etwas Selbstgemachtes", schlägt Bastian vor.

Felix hat eine Idee. „Wir haben ganz viele Kerzenreste und ein Set zum Kerzengießen. Daraus könnten wir Kerzen machen." Die beiden anderen finden das gut und Leon schlägt vor: „Lasst uns gleich heute Mittag loslegen. Meine Mutter geht Weihnachtseinkäufe machen, dann können wir unsere Küche benutzen."

Am Nachmittag treffen sie sich bei Leon. Bastian und Felix haben Kerzenstummel eingesammelt, die sie jetzt auf dem Tisch ausbreiten. „Super", meint Leon, „das gibt mindestens drei große Kerzen." Dann holen sie einen Topf, werfen die Kerzenreste hinein und stellen ihn auf die Herdplatte. Leon weiß, dass man das Wachs langsam erhitzen muss, denn er hat schon mal mit Mama Kerzen gebastelt.

Bastian hat sich eine runde Form ausgesucht, Leon eine eckige und Felix eine dreieckige. Bastian überlegt gerade, ob er eine einfarbige Kerze gießen soll oder eine mit drei verschiedenen Schichten. Da gibt es plötzlich einen Knall und aus dem Topf mit dem Wachs schießt eine Flamme hoch! Schnell rennen die Jungen aus der Küche.

Wenn du im richtigen Moment weißt, was zu tun ist, dann kann es sein, dass dein Schutzengel dir geholfen hat.

Voller Entsetzen sehen sie, wie die Flamme nach oben züngelt. „Gleich brennt die Küche!", ruft Felix. Leon würde am liebsten losheulen, aber das hilft jetzt nicht. Auf einmal wird er ganz ruhig. Wie durch ein Wunder fällt ihm ein, was Papa ihm erklärt hat, als sie einmal vor einer Kerze saßen. „Feuer braucht Sauerstoff, um zu brennen", meinte Papa, legte ein Tuch über die Flamme und die Kerze ging aus. Leon rennt ins Wohnzimmer, holt die große Wolldecke vom Sofa und ruft den anderen zu: „Los, ihr nehmt das andere Ende!" Gemeinsam werfen sie die Decke über den Topf – und tatsächlich: Die Flamme erlischt.

„Das war knapp!", stöhnt Bastian und Felix meint: „Gut, dass dir das mit der Decke eingefallen ist." Der Küchenschrank hat von der Flamme schwarze Flecken bekommen und sie schrubben den Ruß weg. Als alles sauber ist, fragt Leon: „Und was schenken wir jetzt unseren Eltern?" Das Wachs ist inzwischen abgekühlt und sie trauen sich nicht, es nochmals zu erhitzen. „Wir könnten aus dem Wachs trotzdem Kerzen formen", schlägt Bastian vor. Da es noch nicht ganz hart ist, lässt es sich prima mit den Händen formen. Am Ende haben sie doch noch drei Kerzen gebastelt. Sie sind zwar nicht so gerade, aber Hauptsache selbstgemacht!

Bald ist es wieder Nacht

1. Bald ist es wie-der Nacht, ja wie-der Nacht, mein
Bett-lein ist ge-macht. Drein will ich mich le-gen wohl
mit Got-tes Se-gen, weil er die gan-ze Nacht, die gan-ze
Nacht gar treu-lich mich be-wacht.

2. Da schlaf ich fröhlich ein,
ja fröhlich ein, gar sicher kann ich sein.
Vom Himmel geschwinde kommen Engelein linde
und decken still mich zu, ja still mich zu,
und schützen meine Ruh'.

3. Und wird's dann wieder hell,
ja wieder hell, da wecken sie mich schnell.
Dann spring ich so munter vom Bettlein
hinunter. Hab' Dank Gottvater du,
Gottvater du, ihr Englein auch dazu.

Guten Abend, gut' Nacht

1. Gu-ten A-bend, gut' Nacht, mit Ro-sen be-
dacht, mit Näg-lein be-steckt, schlupf
un-ter die Deck. Mor-gen früh, wenn Gott
will, wirst du wie-der ge-weckt, mor-gen
früh, wenn Gott will, wirst du wie-der ge-weckt.

2. Guten Abend, gut' Nacht,
von Englein bewacht,
die zeigen im Traum
dir Christkindleins Baum.
Schlaf nun selig und süß,
schau im Traum 's Paradies.

Anleitung zum Basteln des Mobiles

Schneide die einzelnen Teile an den grauen Linien aus und klebe die passenden Teile aufeinander. Ziehe durch die markierten Punkte jeweils einen Faden und verbinde die Teile so, wie auf der Abbildung rechts angegeben. Verknote die Fäden – fertig ist dein Mobile!